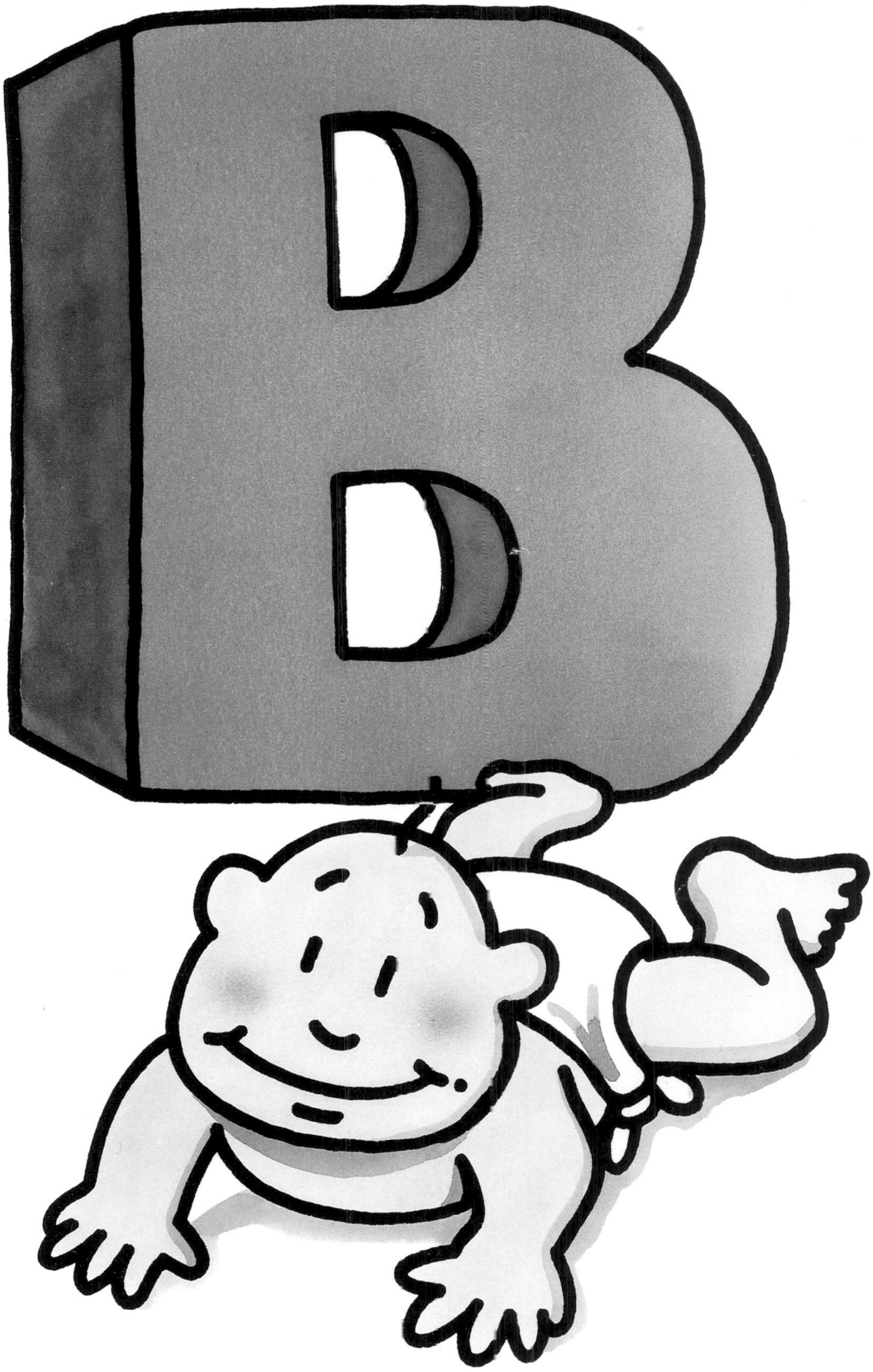

Baby

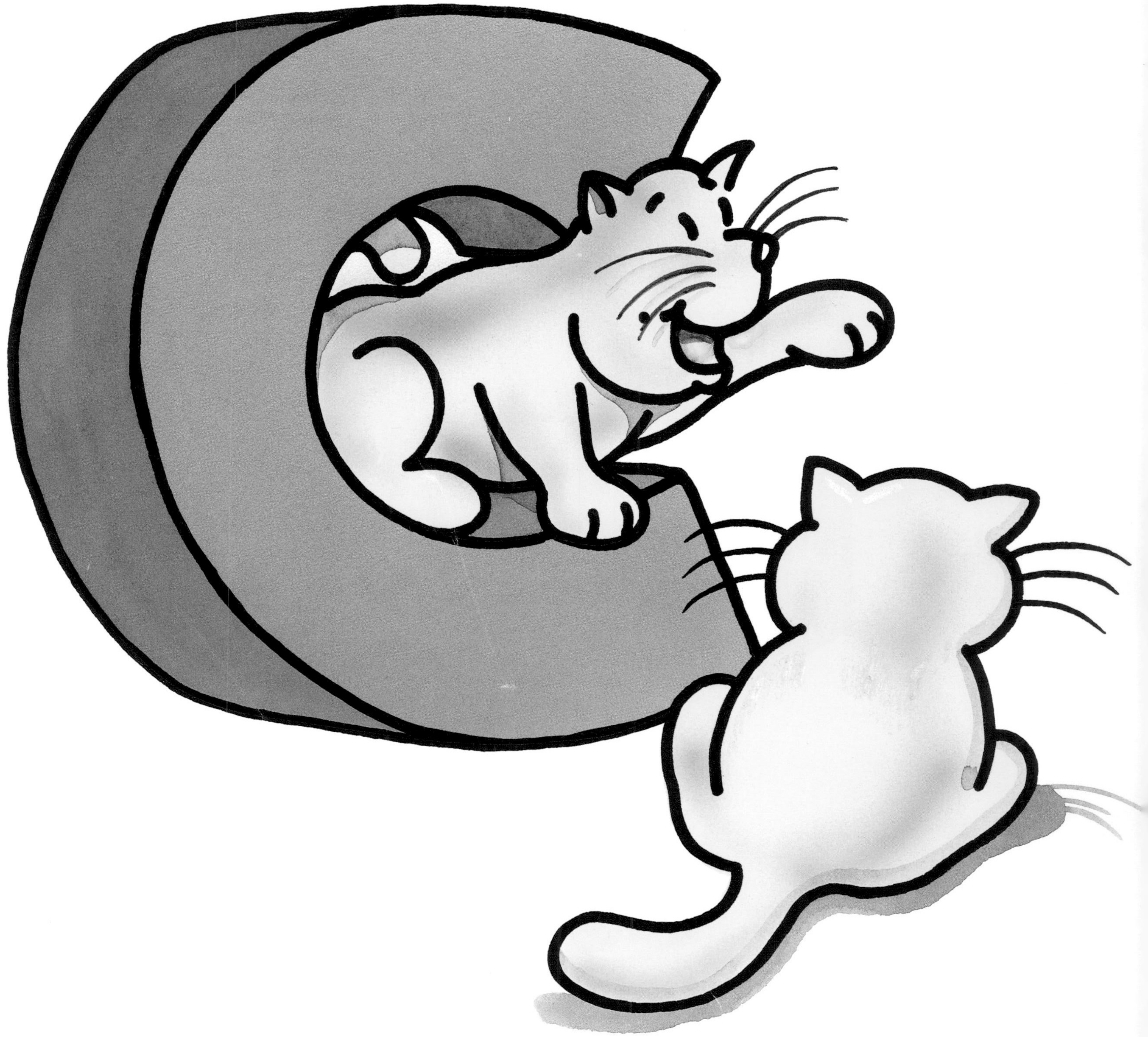

Cats

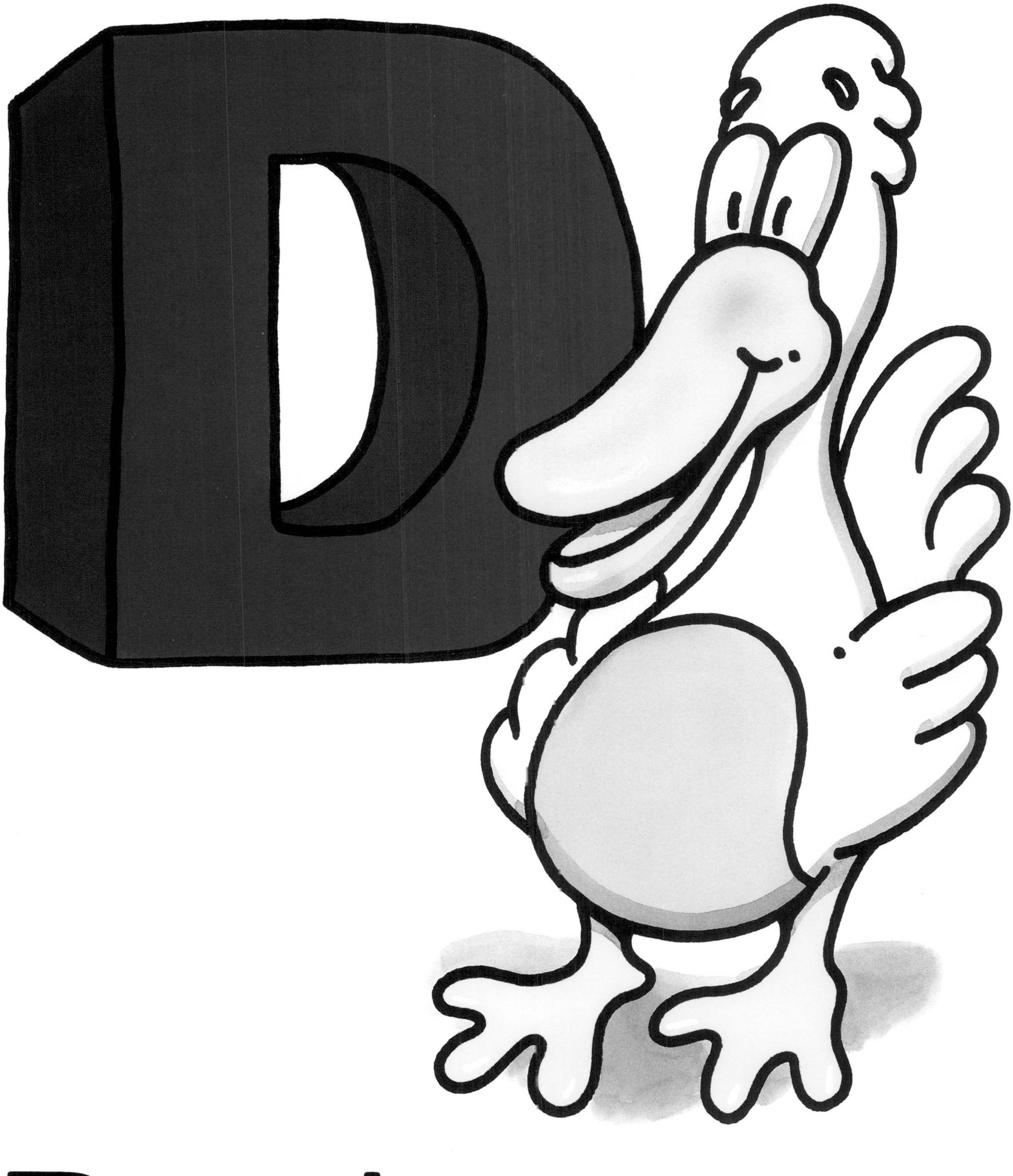

Duck

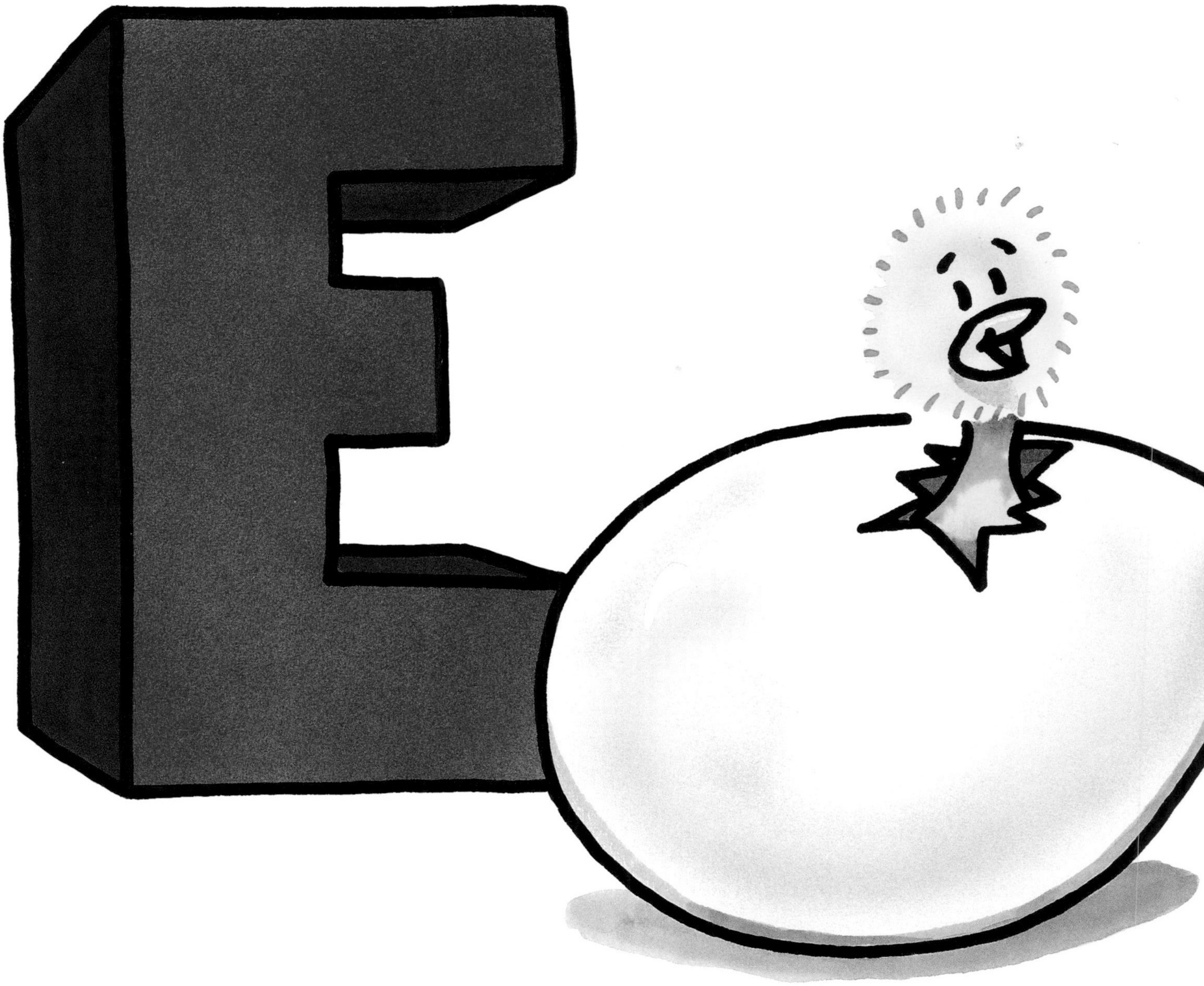

Egg

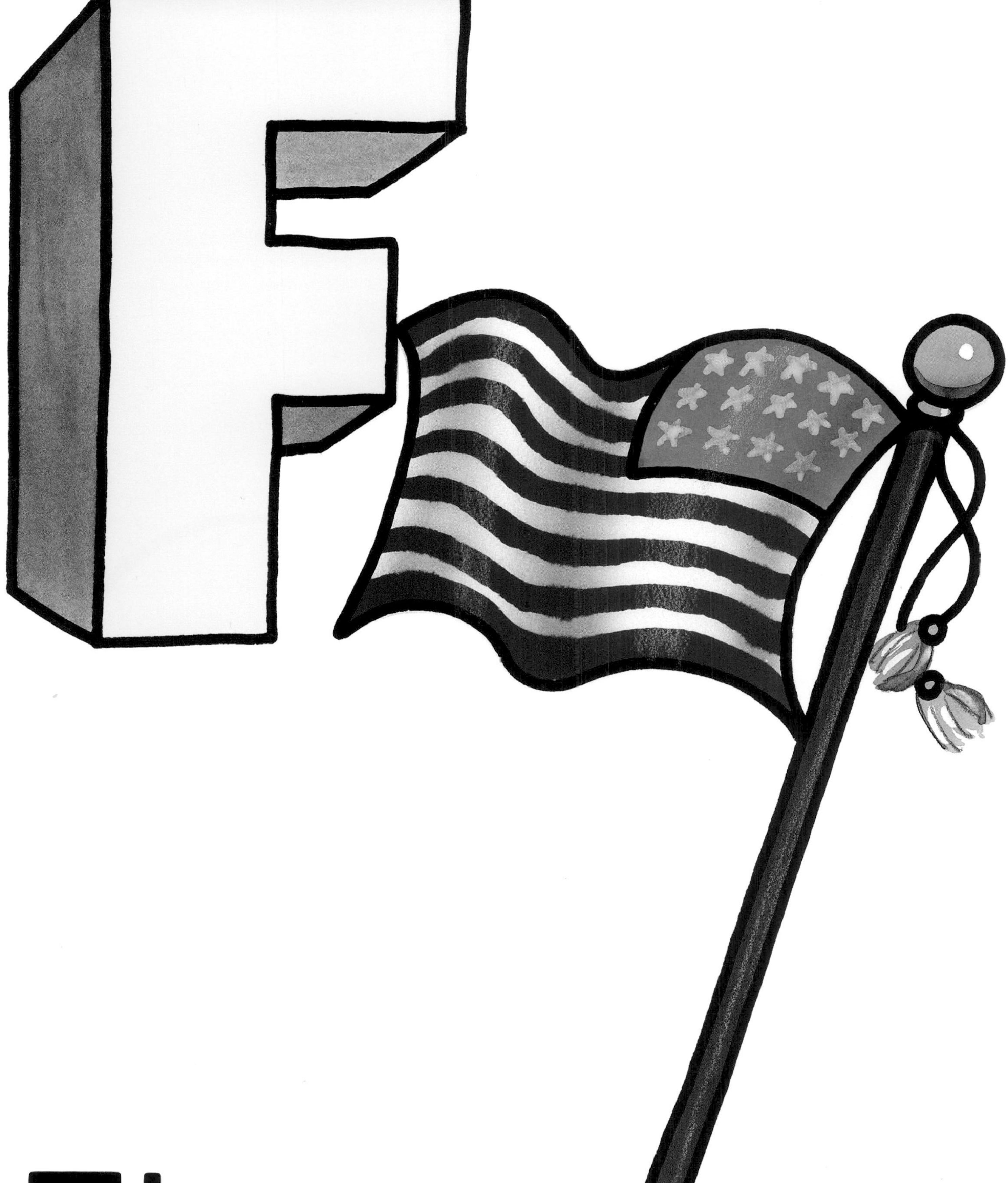

Flag

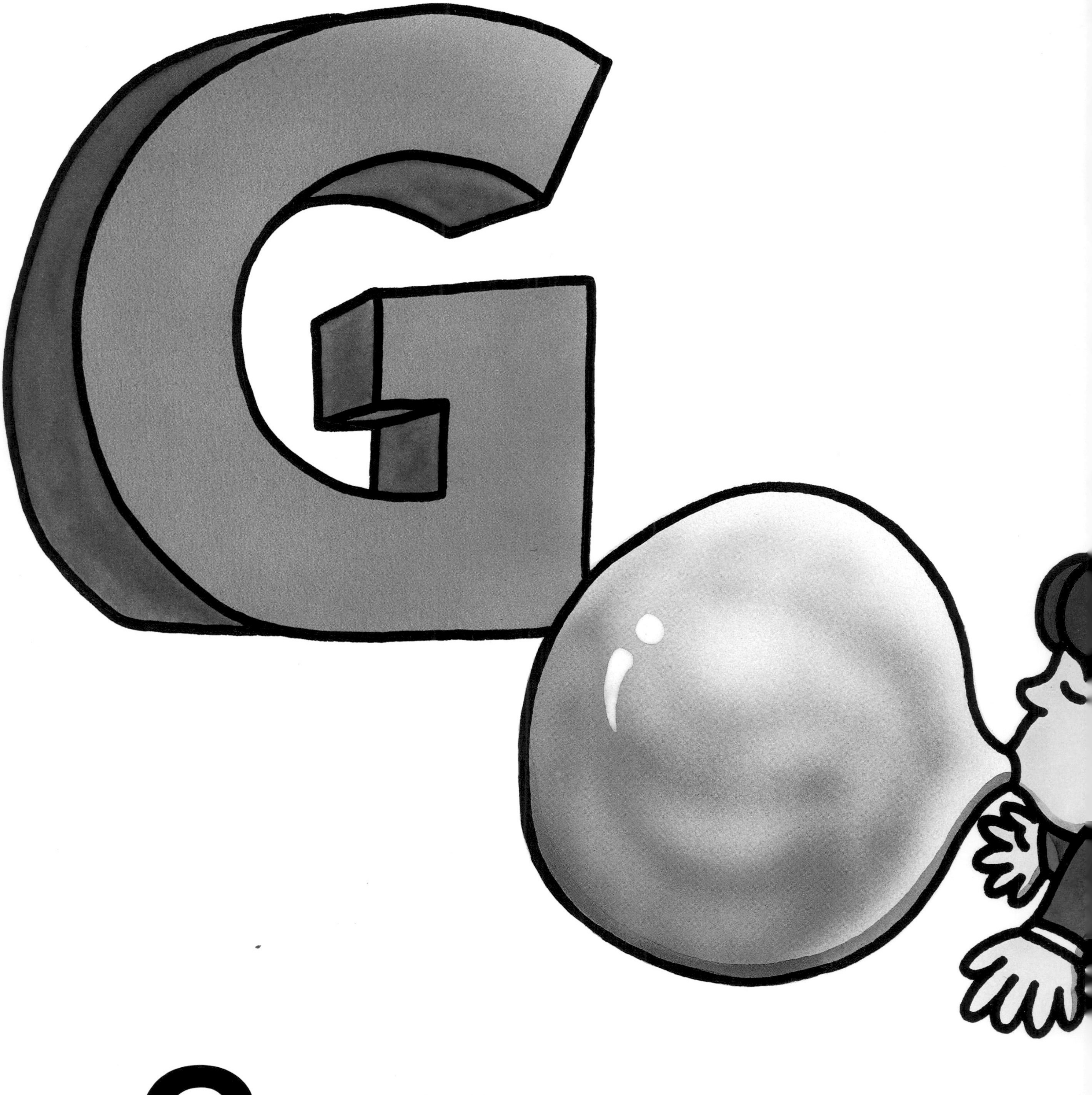

Gum

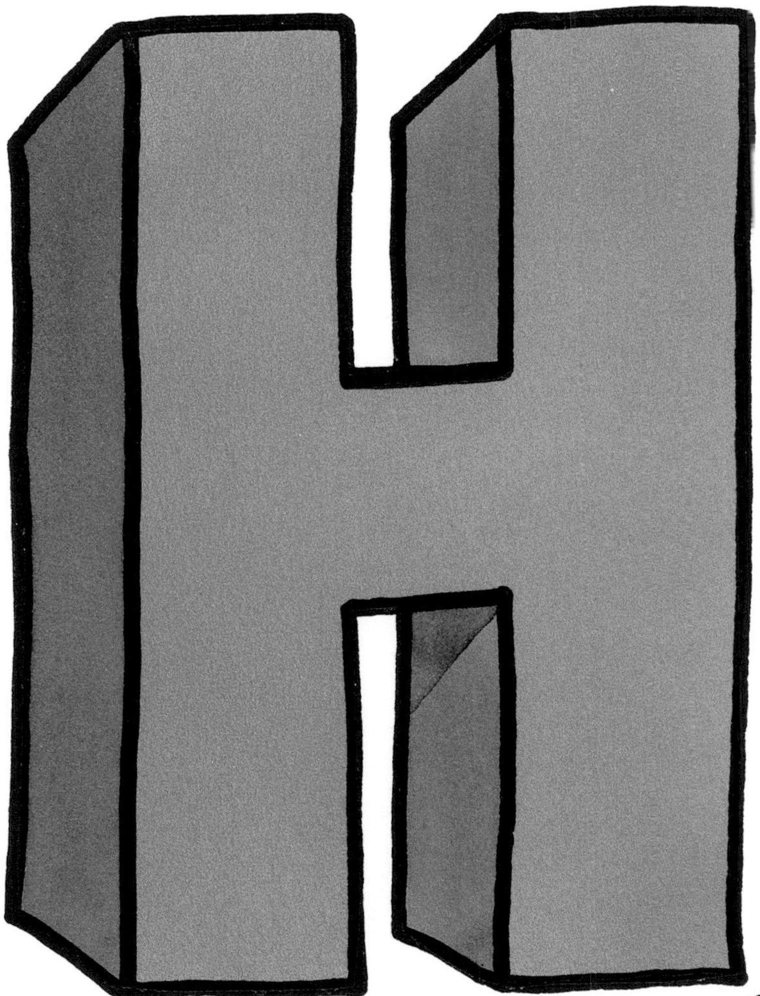

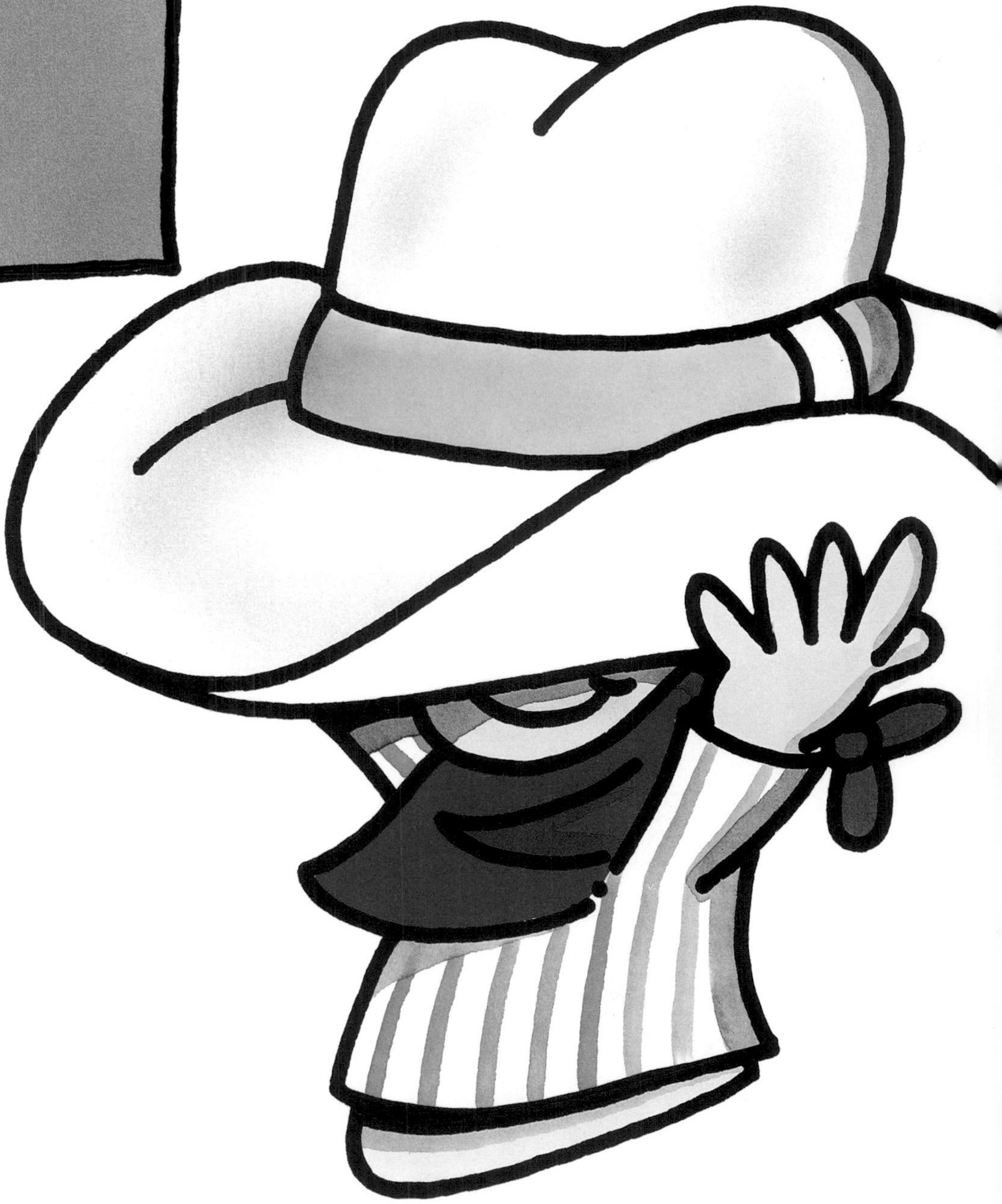

Hat

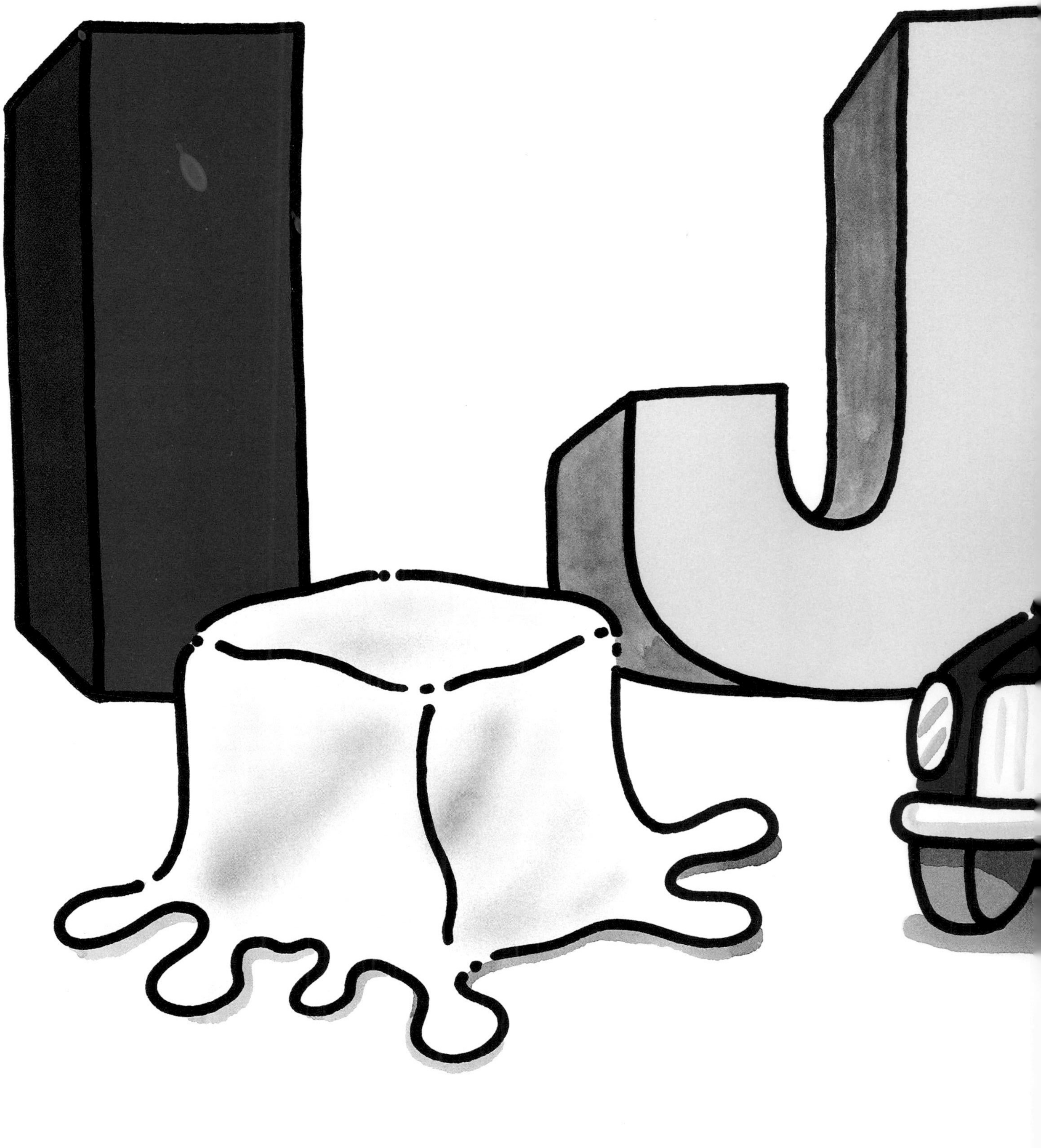

Ice Jeep

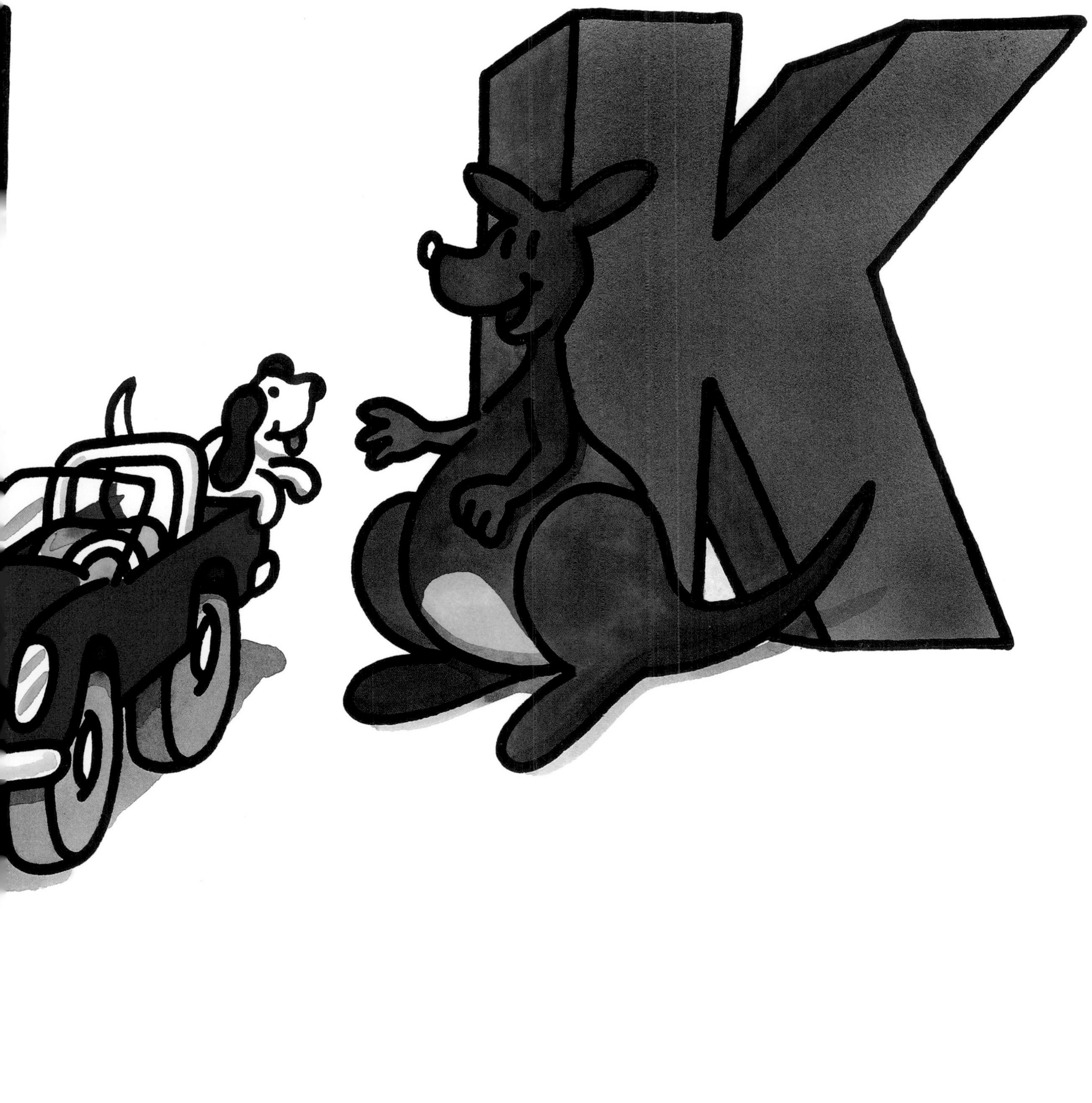

Kangaroo

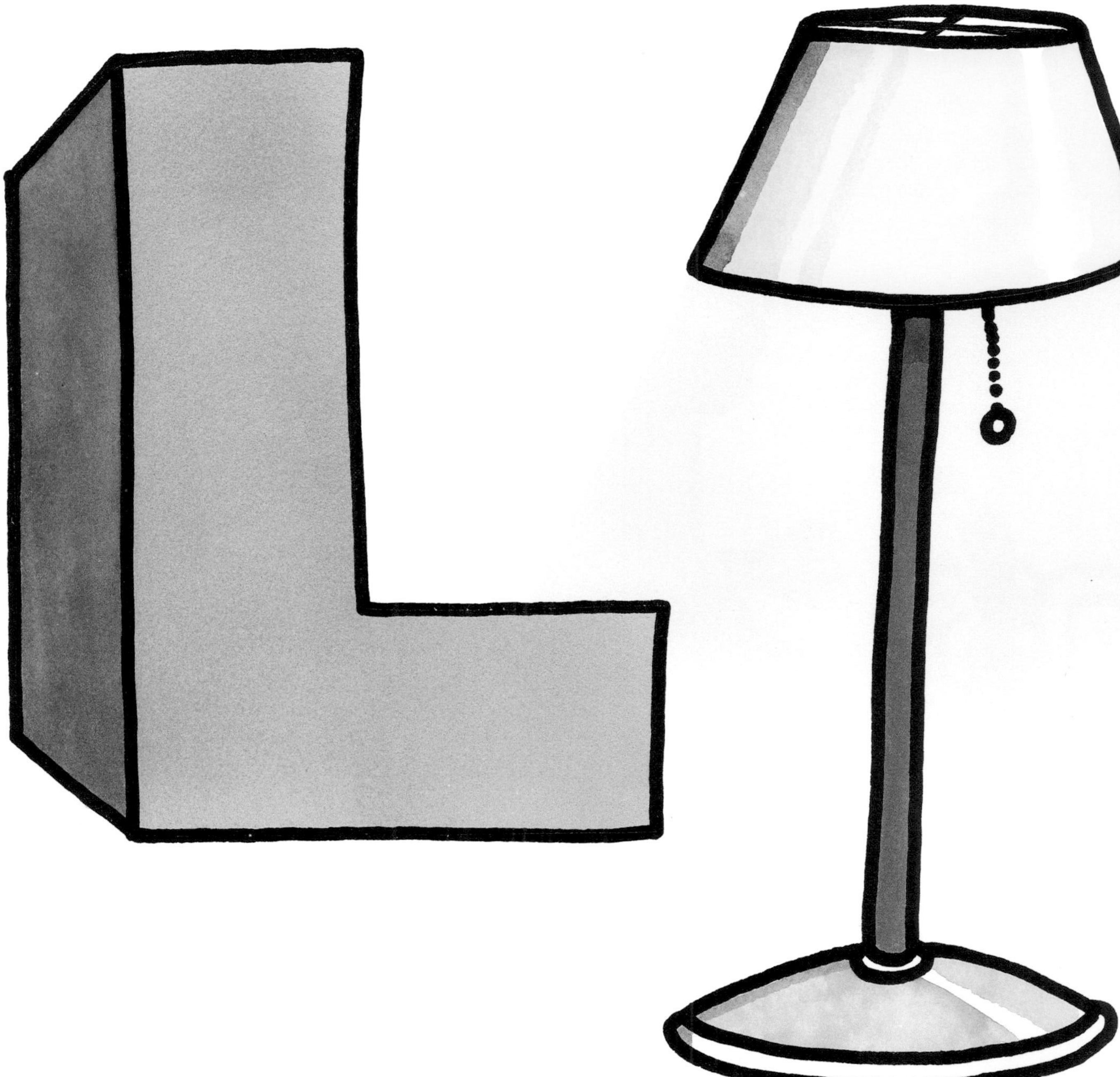

Lamp

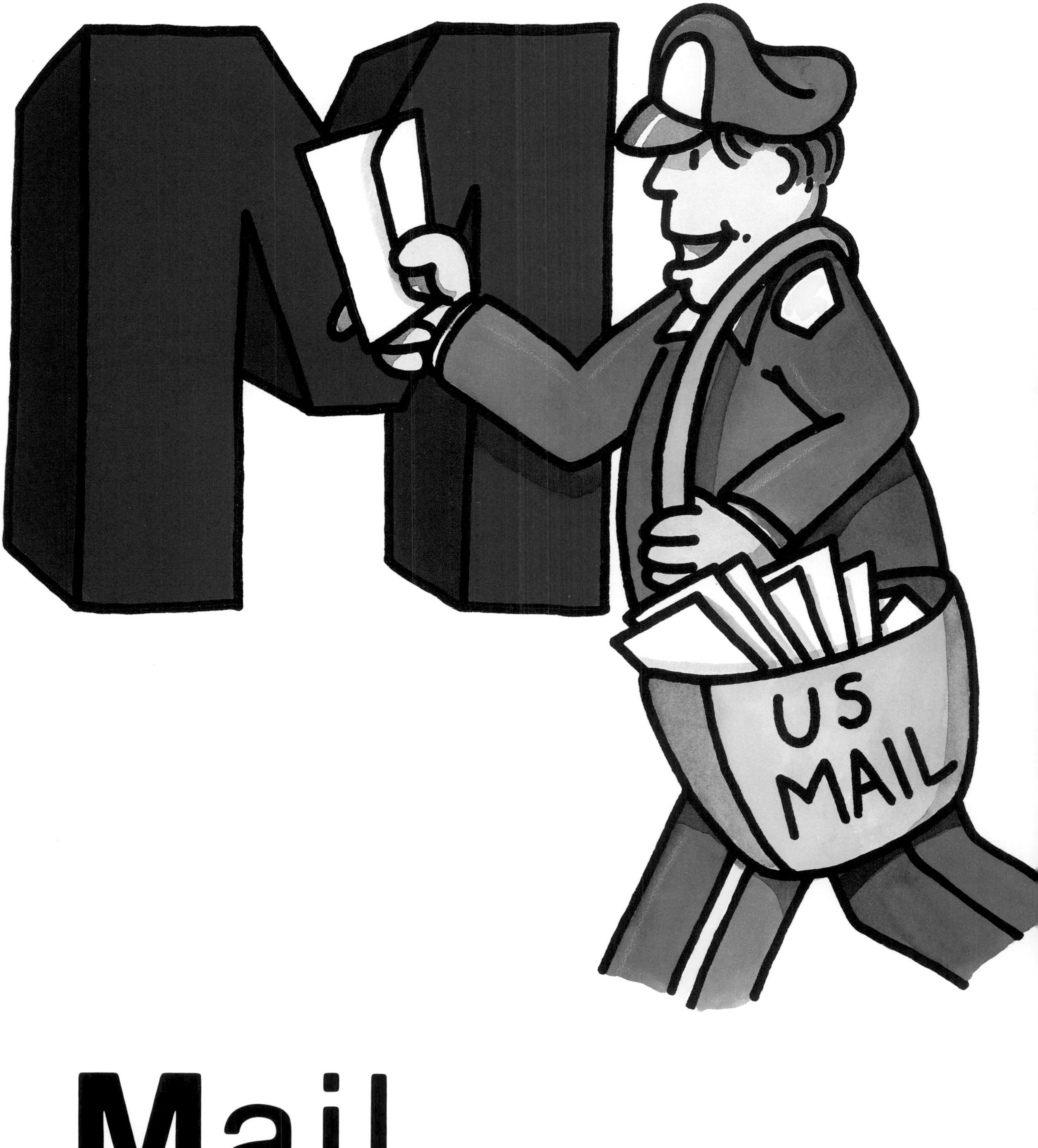

Mail

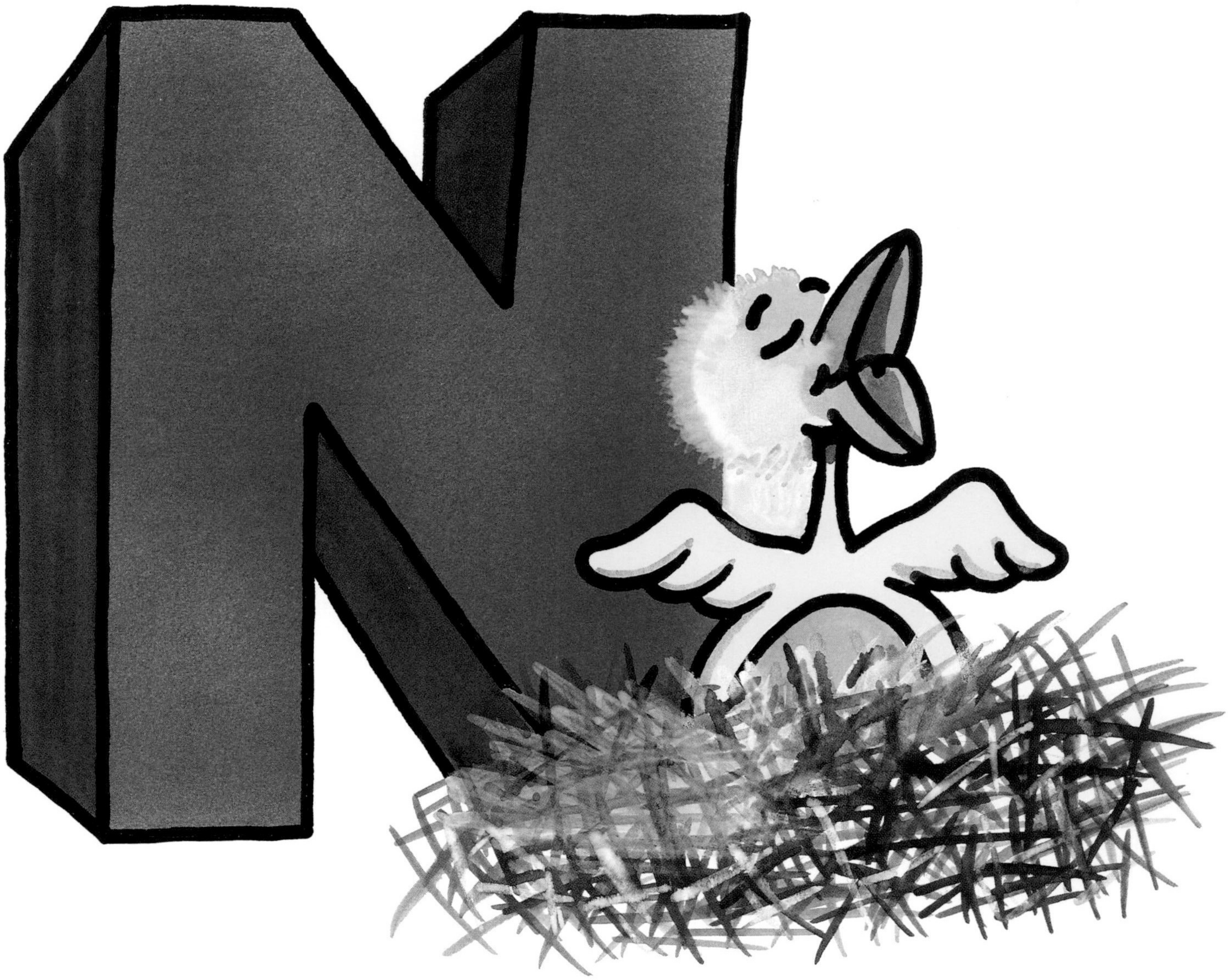

Nest

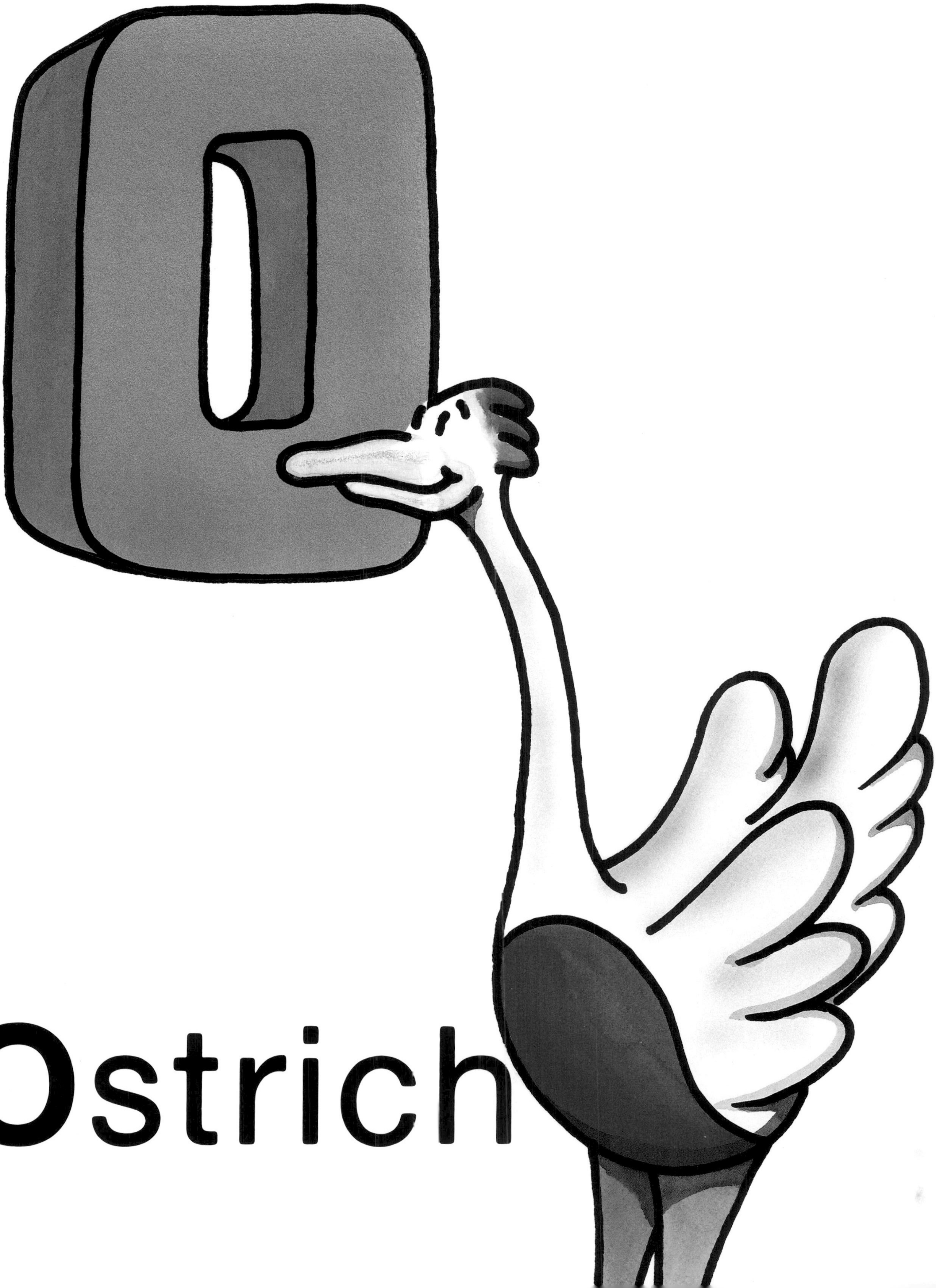

Ostrich

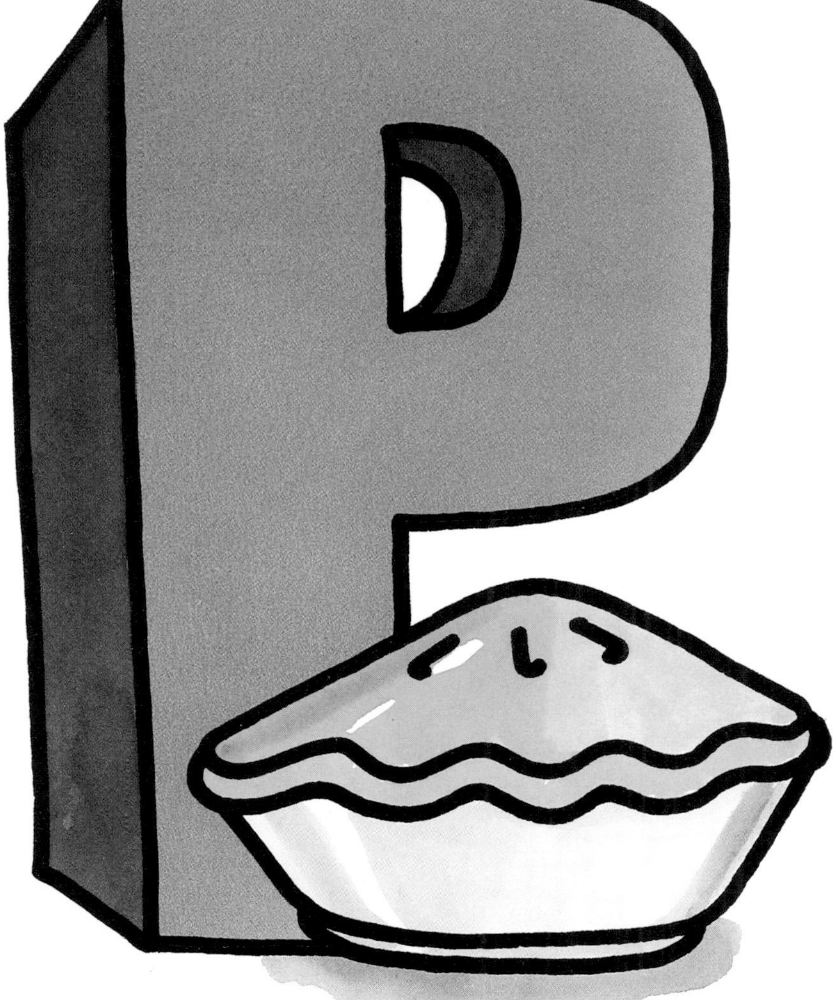

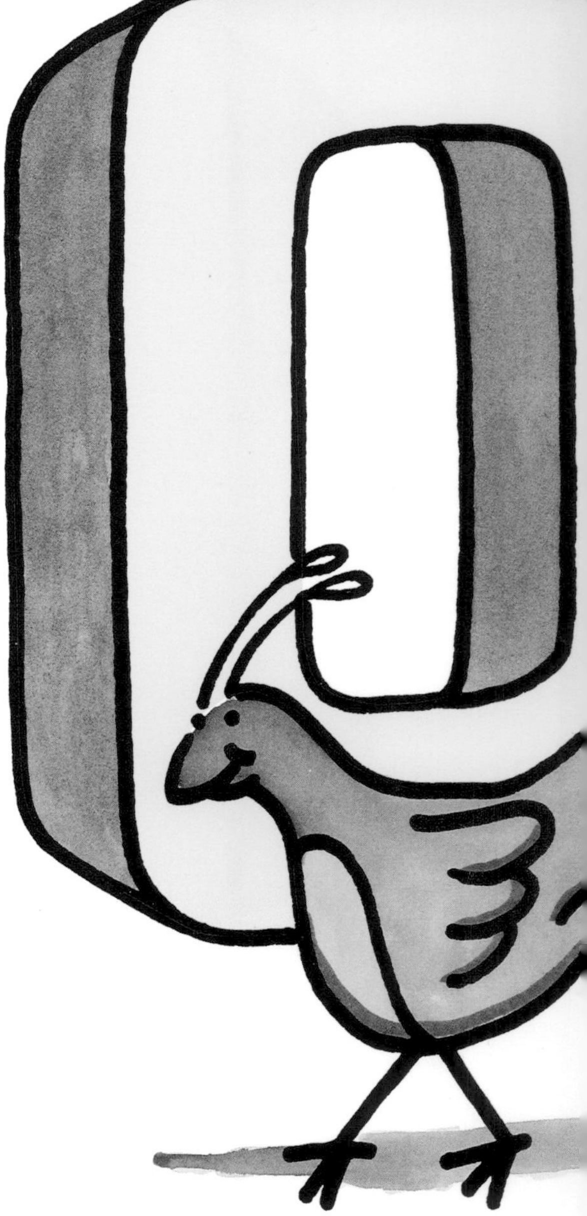

Pie **Q**uail

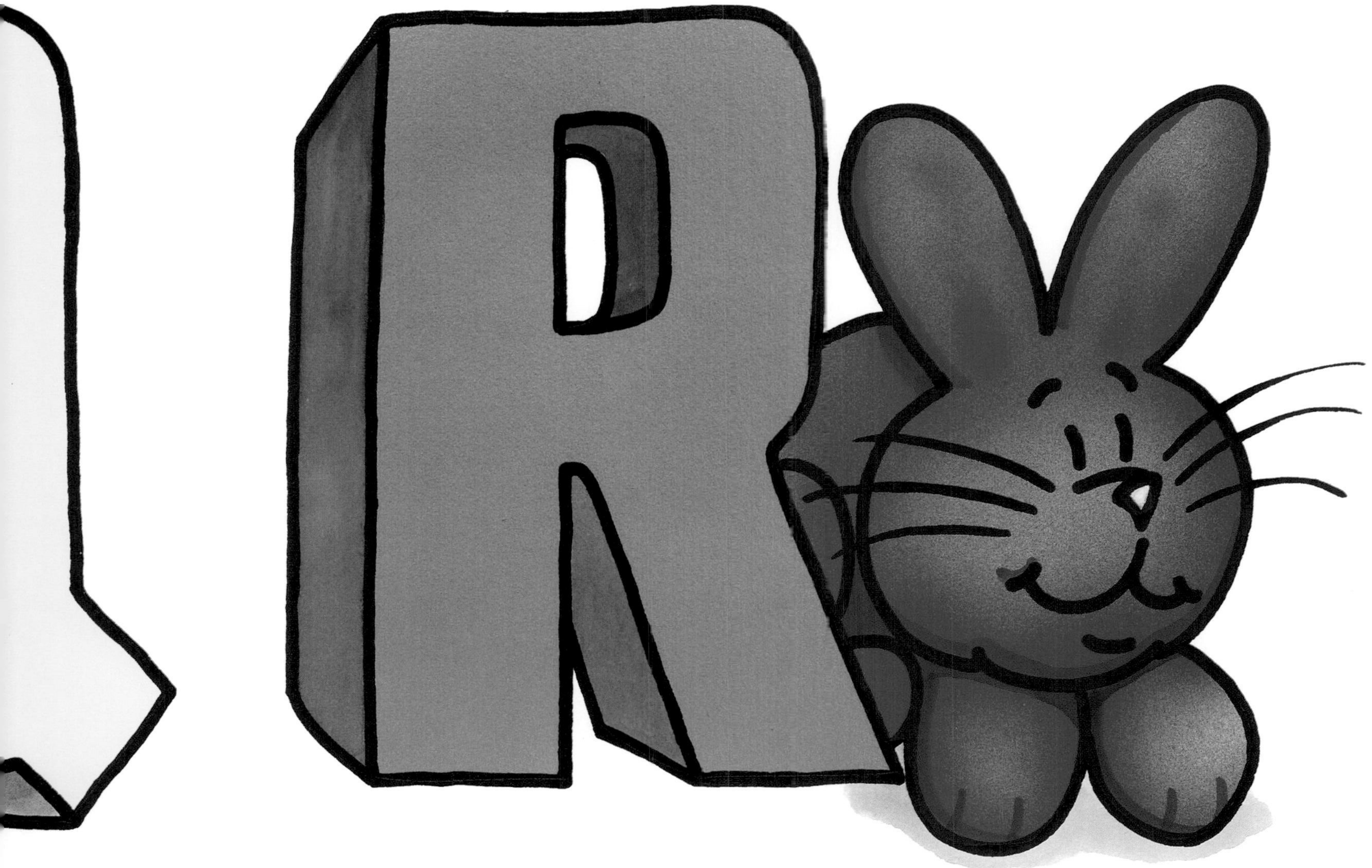

Rabbit

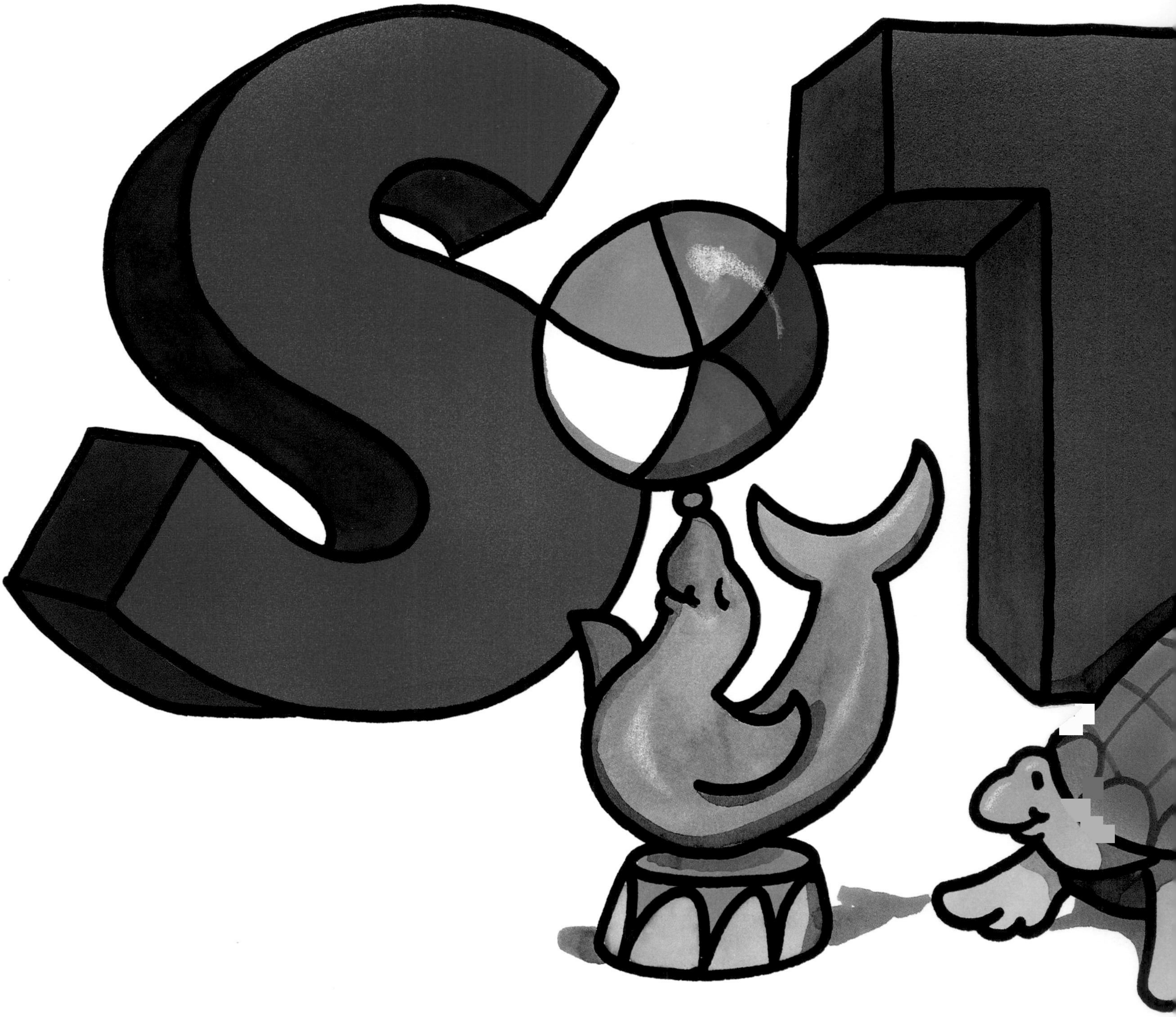

Seal **Tur**

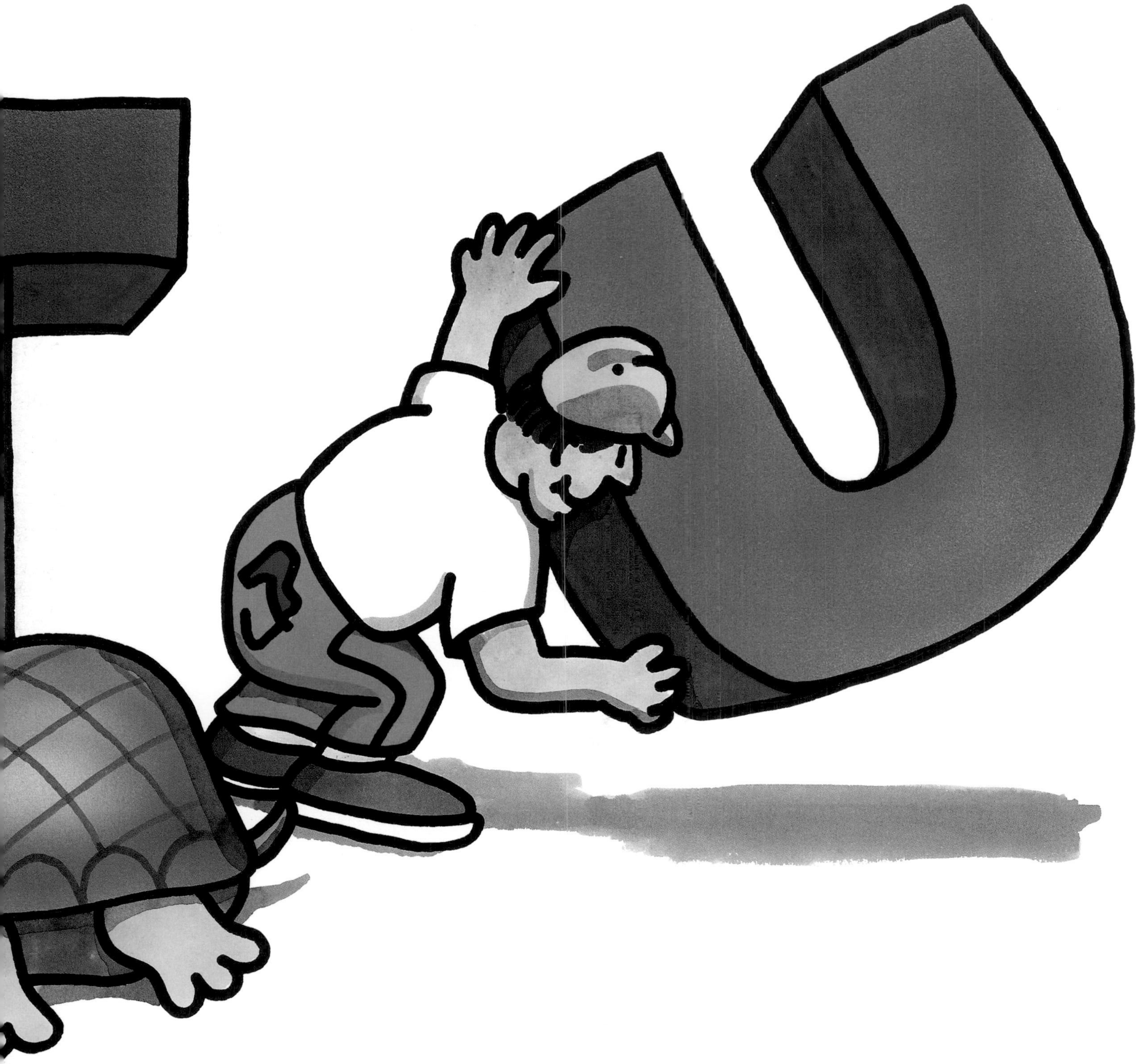

tle

Under

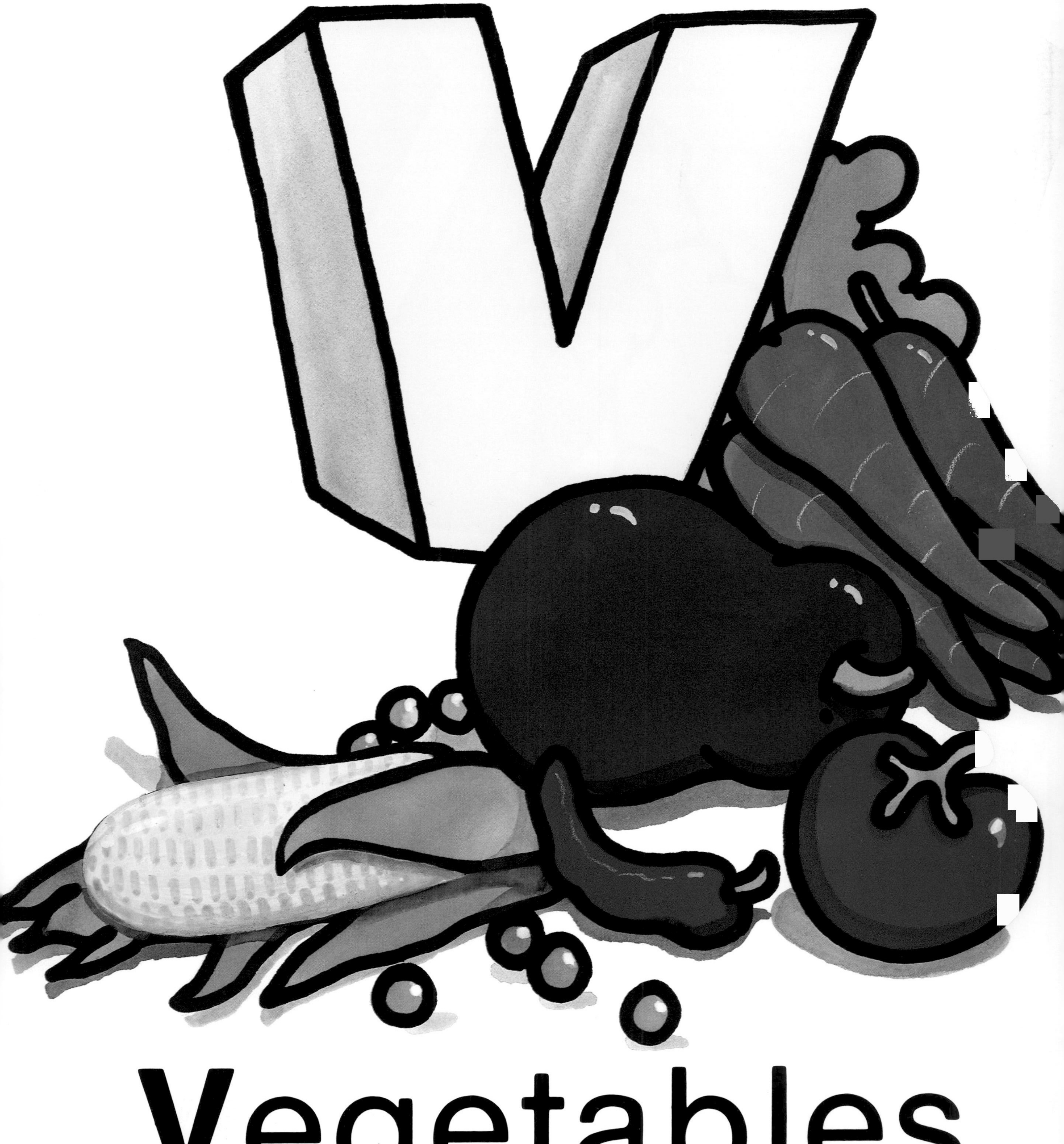

Vegetables

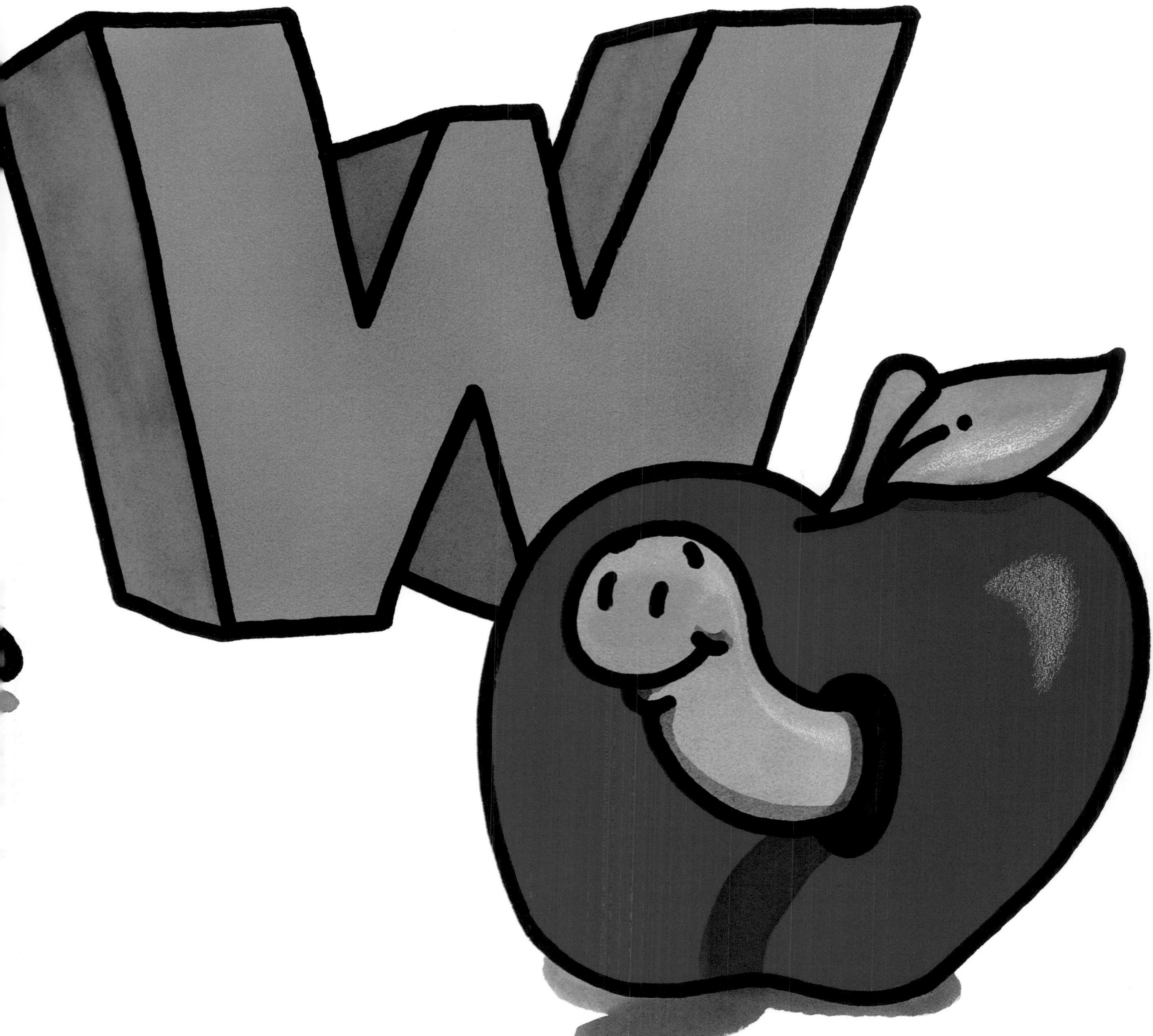

Worm

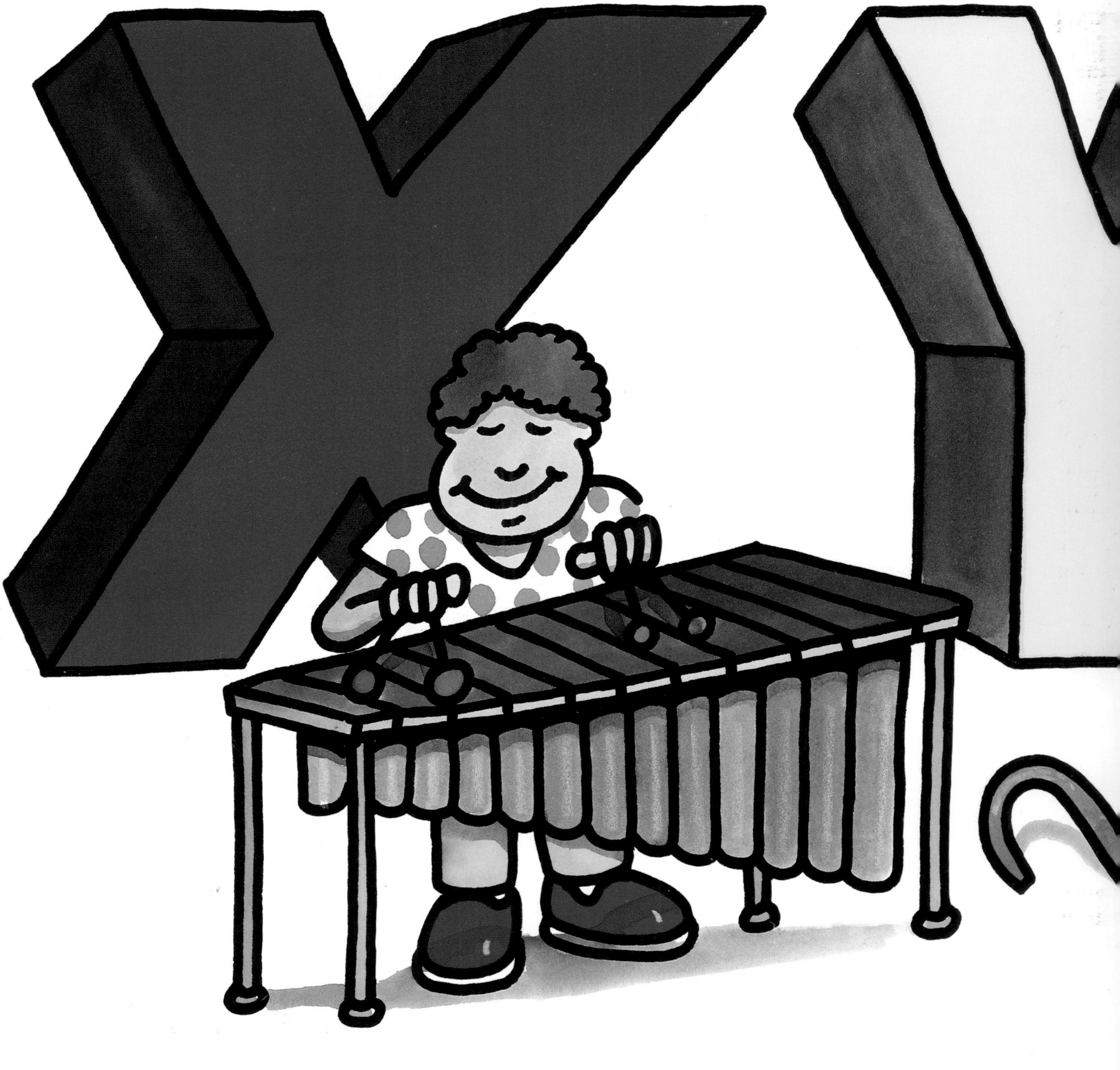

Xylophone